NOTAS DEL CORAZÓN

# NOTAS DEL CORAZÓN

María del Pilar Remartínez

Copyright © María del Pilar Remartínez, 2009

Este libro no podrá ser reproducido ni total ni parcialmente sin el previo permiso escrito del editor.

Portada diseñada María del Pilar Remartínez

L&R Editores
8345 NW 66TH ST
SUITE 8770
MIAMI FL 33166 USA
www.landreditores.com

ISBN: 978-0-9825572-4-2

A mi querido Manuel, el senido de mi vida
A mis hijos Nacho, José y Miguel

Hoy pienso que el mañana puede ser mejor, pero hoy todo puede ser mejorable

María del Pilar Remartínez

Prólogo

Me considero una persona afortunada con más o menos suerte, soy más o menos simpática, más o menos responsable, las personas de mi entorno que me conocen me consideran una buena persona, vamos más o menos del montón, para algunas personas el sentido de la vida radica en la utilidad para vivir intensamente, para algunos hay que sacar provecho, sacar partido...

El sentido de la vida radica en seguir vivos, en seguir en la memoria de los que se quedan cuando ya no estemos, ya sea a través de la memoria de quienes nos rodearon o porque su nombre aparezca en un libro de historia.

Hay personas que no les importa los medios, ni las formas para llegar a un objetivo, lo más importante cubrir sus metas, llegar alto, superar retos... Hacerlo realidad, sin importarle nada más.

Para mí es complejo y sencillo al mismo tiempo. Muchas veces nos empeñamos en tratar de darle un sentido más racional, más filosófico, creo que la vida no tiene más sentido que la existencia en sí misma, eso es lo que la hace grande. Las demás razones son más la necesidad de respuestas que muchos a veces buscamos.

¿Quiénes somos? yo soy Pilar, con sus complejidades, contradicciones y continuas búsquedas. Una persona excesivamente sensible que creo que se complica la vida a veces innecesariamente.

¿De dónde venimos?, seguramente tendríamos muchas respuestas para esto, vamos estoy convencida, aquí mucho me temo que tendremos que tirar de Darwin. Y aunque no niego mi curiosidad, diré que es de todas las preguntas la que menos me quita el sueño.

¿A dónde vamos? supongo que a nivel general no puedo deslumbrar, pero a nivel personal, espero ir camino de encontrarme, seguir creciendo, soñando, aprendiendo, seguir disfrutando. Espero ir cada día hacia una mejor valoración y superación personal.

El sentido de la vida, es vivir, y para mí además es vivir intensamente...

¿Y para ti, cuál es el sentido de la vida?

Eres tú mi hombre

Eres tú mi hombre
consuelo de mi vida
anima mis días
mi tristeza cambia
por alegría
cuando paseamos
cogidos del brazo
siento cada roce
te aproximas
sé que me deslumbras
me enamoras cada día
te das cuenta
estas justo ahí,
junto a mí,
me miras fascinado
solo a mí
me ves atractiva.
¡Oh! mujer hermosa
soy satisfacción
que alegra el alma
tú me amas,
joya invaluable
eres mi hombre
yo, tu mujer
agradecer al cielo quiero
por disfrutar a tu lado.
Así es nuestra vida
un cuento de hadas
hecho poesía.

Los amantes

Las olas le cubren de besos
cubre y baña con perfumes
con sonrisa abre los brazos
de porcelana su piel.

Él quiere poseerla
entre olas, esta unión
ella le entrega su amor
coctel de sentimientos
entre el deseo y la locura
se pierde en sus manantiales
¡oh! mujer, prohibida viña

Emborráchate de su cuerpo
rosadas uvas son tus pensamientos
mientras se aman laten corazones.
en su pecho le hundió el fruto anhelado
cual hombre fiero él se sintió extasiado.

Fuerte cual Poseidón
arranca su amor cual tormenta
entre las juguetonas olas
canta de placer la ninfa marina
descubrió el secreto del amor.

Las olas le cuentan secretos
¡oh! Guárdate de los amantes
vive en la mar eternamente
ven que hoy,
hay luna llena
y la mar
esta creciente.

Destino

Escueto es y por eso existe
no consta el modo que te pueda detener
concurre atiendes y eres quien responde
quien instala rencor siembra querer.
de tiempo y de relojes
eres el dueño
vaporoso con sentido opositor
señor de los instantes tristes
de la dicha siempre el creador
Tú eres la musa intensa
del sol y luna
de la noche y día
A veces cruel, no entiendes
haces que la esperanza se confunda
de la misma manera te ríes
prestas a la esperanza validez
sigue sin ganas de pararte
existe aun sin querer existir
solemos a veces odiarte

muchas veces se ríe de ti
nos regalas lo mejor
quitando de la vida espinas
trayendo en un momento lo peor
produces sentimientos divinos

DESTINO Eres tú
impredecible lo sé
asesino de los sueños,
otras muchas renacer de la fe

poco más o menos imposible describirte
en la vida se te podrá descifrar
porque intentar conocerte

es tratar de odiar al amar

Siempre presente te encuentras
no te apartas ni te quieres apartar
a la vida sin avisar entras
ni tú mismo lo puedes sortear

Soy palabras

Soy palabras al viento,
no dichas, no escuchadas.
palabras que vuelan
palabras perdidas
olvidadas y arrinconadas
queridas y amadas.
palabras no escritas
también añoradas.
Palabras, palabras
Soy, Ayer, hoy, mañana
Olvido, recuerdo,
Te dejo, me voy,
¿loca? ¿cuerda?
Te quiero, ya no
Te entiendo, hoy no
Todas soy.
Dos en una
Soy tú y soy yo.

Cuando un hombre ama a una mujer

Cuando un hombre ama a una mujer con pasión, es capaz de exaltarse, es capaz de transfigurarse, de elevarse, de poner lo mejor de sí mismo...

Un hombre cuando te ama de verdad, es capaz de hacer todo lo que se proponga, lo puede todo, movido por ese amor, de una forma u otra lo conseguirá.

Atrae en ella o despierta a la diosa que hay en tu interior dormida, abriendo la puerta del paraíso que estuvo cerrada durante tiempo, se vuelve abrir para los dos, la hace que se sienta especial y única, la reina de su corazón.

Las mujeres que tenemos la fortuna de ser amadas, de vivir este amor hacemos prodigios con sólo, pensar en nuestro hombre, en cuanto sentimos su presencia se nos alegra el corazón.

Somos hadas al servicio del amor al que sin duda sirven, lo sepan o no.

Todo por amor, con su Amor y por su amor todo lo embellece e ilumina

pues ellos serán seguramente, como ellas los amen y los sueñen...
Maravillosos

Mi soledad

Añoro la soledad,
no cualquiera,
añoro mi soledad.
Tardes perdidas,
pasos no dados,
salir, quedándome quieta.
No tener principio
no tener un fin.
Soledad...
sólo unos pocos momentos,
para... ser, sentir,
pensar, olvidar,
recordar, añorar,
odiar, amar...
Sólo unos momentos...
y después volver...
volver al ajetreo de la vida.
A la gente.

Doña primavera

Doña primavera eres un primor, repartes colores, olores, como almendro en flor, lleva por zapatos unas amplias hojas y por vestiduras bellas amapolas.

¡Salid a encontrarla por esos caminos!, contentos estamos, contentos venimos, bienvenida seas, porque ya has venido.

"Gritar al unísono" ¡está bien, está viva!

A la tierra enferma, tú les das la savia y en las hondas grietas, germina la vida enciende rosales enciende la esencia de tu propia dicha.

Viste sus encajes, prende sus premuras, doña primavera de manos gloriosas, haz que por la vida derramemos rosas, rosas de alegría, rosa de perdón, rosa de cariño y de admiración

Doña primavera, de aliento fecundo, se ríe de todas las penas del mundo.

Doña primavera, bienvenida seas radiante y coqueta.

Bienvenida seas, inspiración

Hoy dibujaré con líneas finas las contorsiones de tu figura, arte plasmada es tu figura, hoy lucía el sol, pero de manera distinta, hoy te he visto con tu traje dispuesta a llenar de colores y sembrar amor.

Dicha inmersa es mi pensamiento cuando mi mano se posa en mis sienes contemplando lo sutil de tu gracia, sí, hoy te he visto una vez más, quede prendada de tu belleza del color de tus ojos, del encanto de tu silueta.

No borraré nada, ni una solo línea pues cada detalle, es parte de la obra no soplaré para que se desprenda ni una sola partícula de la tiza, que sin ser pintor puedo plasmar con letras un tendedero de pasión.
Cuanta hermosura hay en este cuadro cual pintor plasma con el cariño, como el cariño que hay entre una madre y su hijo, invita a cerrar los ojos, si hoy te he visto una vez más quede prendada de tu belleza del color de tus ojos, del encanto, de la magia, del contacto de la brisa con mi piel.
Cerré los ojos para poder atrapar todo eso, poder soñar y sentir el latido de tu corazón porque sabes bien que te estaba esperando hace tiempo, llegaste al fin, aquí está otra vez a mi lado.

Eres mi inspiración, todos podemos crear, todos podemos soñar, todos podemos tener originalidad, haz lo que te gusta, crea lo que veas y sobre todo, siéntete libre.

Madre

Madre, déjame sentir esa ilusión perdida, necesito sentirte viva, entrégame el calor de tu mirada, déjame soñar con un nuevo amanecer, que por unos instantes pueda volver, déjame ver esa mirada pensativa, esa sonrisa picaresca, déjame decir, todo lo que la vida obliga, consejos y opiniones, una sonrisa emerge tras instantes, pensamientos, deja de pensar, de dar vueltas a todo, deja que todo siga su curso, déjate llevar por tu primer impulso y seguro que volverás a ver las cosas de otro color, quédate con lo bueno, comprende a esa persona, no te quedes en el ayer, que la vida te regale días de risas y buenos momentos.
Sinceramente... yo tu hija

¿Quién eres hombre misterioso de palabras bellas?

¿Quién eres hombre misterioso de palabras bellas? Apareces por la noche en la oscuridad con paso sigiloso, penetras en mi cuarto.

Me cautivas, escondido tras las letras de un poema dejado al azar palabras hermosas.

- ¿Acaso eres el sol que ha descendido a la Tierra?

Quémame en el fuego de tu amor, me invade tu calor, me quema.

¿Quién eres?- descendido de los cielos o elevado del infierno, o eres sólo un ruiseñor que viene a mi cuarto a fisgar.

¿Quién eres dime quién eres ya?, sabes correr como el agua, manantial de vida entre mis dedos se te siente pasar y mientras pasas te vas, dejando sólo el aroma de tu cuerpo.

Eres mirada, eres estrella, eres canción, eres poema.

Eres... quién, dime, por favor, ¿quién eres?

Mezclas de olores

Mezclas de olores,
perfumes en el aire,
esencias de ensueño
que hacen fantasear.
Perfumes a eucaliptos,
despejan los problemas,
te llevan a sentir
completamente libre.
Esencias de canela,
endulzadas con miel,
te llenan de ternura,
te enseñan a amar.
Olores de rosas,
coquetas y crédulas,
revela tu inocencia
tocada por sensualidad.
Es tan increíble
como los sentidos
te hacen viajar
a soñados destinos.
Me llevan a soñar,
lejos de la realidad,
volando por mi mente
inducida por esencias
llenas de energía y paz.

Nuestra vida

Nuestra vida
es como un río,
brota de la tierra,
se nutre de la lluvia,
navega apresurada
entre obstáculos,
cruza valles y regiones,
para luego desembocar
en el mar, que es el morir,
pero mientras llega
pasamos momentos de calma,
de espera, sentimientos tristes
alegres disfrutad amigos,
de todo lo que nos rodea
acariciar la orilla, coquetear con ella
hay que cuidarla, es tu amiga,
ella es como ese río.
Cuando parece estancarse,
se agita inquieta, es nerviosa
mira a tu alrededor, descubre
mas allá de tus ojos,
hay alguien que espera,
desea escucharte,
hablarte, cuidarte.
Alguien te ofrece su mano,
como el agua, cristalina
resbalas entre sus dedos,
por un instante,
fugaz pero intensa.
Porque tú, amiga,
como el río,
Es la vida.

Simplemente mujer

Nacidas de mujer, proporcionamos la vida, simiente, sembramos amor, cultivo y fruto divino.
Árbol, de fresca sombra, cobijo entrelazado lleno de sol, abres tus ramas, acogiendo con mucho amor, el fruto de tu vientre.
Frutales dulces, aguas claras y serenas, manos llenas de amor, caricias tiernas.
Lucha sin tregua, pasión desbordada, amor verdadero sacrificio inagotable,
Mujer, fuente de vida, seno que acuna, regazo que apacigua el alma triste.
Madre, mujer, novia, esposa, amiga, hermana, hija, orgullo, armonía, bendición divina.

Ámame

Ámame, ven a mí dulce amor,
que el mundo se inventó para los dos
quiero sentir tu presencia
Solo tú, solo yo, envuélveme en tus brazos
Proporcióname tu calor, protégeme
porque tú eres uno entre un millón.
De esa justa forma en que me hablas
caricias que me roban la razón.
Viviré siempre así, enamorada
Digan lo que digan, Pese a quien pese
ahora y siempre, Ámame con ímpetu
Atrévete mi amor y sólo ámame,
la pasión no tiene explicación
enciendes uno a uno mis sentidos,
quédate, seré para ti, porque tú eres para mí

Sedúceme

Tu cuerpo me seduce, me seducen tus besos, tanto tiempo me has buscado, tanto tiempo te he buscado y al final he comprobado, que eres tú mi gran amado.
Tantas palabras, tanto corazón, tantos susurros, ecos, voces, pasión dormida. Cuando tú estas el cansancio de mis ojos se vuelve música, me siento alimentada con tus besos, mi piel, mi boca, tus labios, me sientes, te siento, se desvanece, se estremece mi piel ante tus ojos, te provoco, la tentación lo puede todo, queda tanto por soñar, tanto, quedan tantas veces. Reconoces mi respiración intuía lo escondido lo más prohibido, mi cuerpo de mujer, no tengas prisa en tu recorrer, tus ganas de envolverme, provócame, me enseñaste lo que significa el desafío, hoy uno de los sueños se ha hecho realidad a cada uno de tus instantes, a cada uno de tus encuentros le he podido poner tu voz, deseaba encontrarte, regalar a mis oídos ese instante como se sienten las miradas, tanto sentir, quiero dibujar las mismas sensaciones, los mismos alientos, quiero que sepas, que eres mi sueño, eres mi vida, el encuentro entre dos almas.

Los sonidos del silencio

Los sonidos del silencio, nunca te has parado a escucharlos, con cual armonía se dispersan por tu entorno, por nuestro entorno y van tomando forma, el silencio es sabio al hablar, no te grita, no te espanta, solo te hace pensar y la indecisión siempre traspasa.

En silencio se pueden descubrir las pasiones de la vida, locuras, ¡tantas cosas! Cosas que hacen que reacciones, al silencio le puedes hablar sin temor, sin miedo de empezar a reír o llorar porque siempre en silencio estás en paz contigo mismo.

Al silencio le sueles preguntar y tal vez no te responde, pero será un gran amigo un gran aliado que te dejara hablar, un consejero que nunca de ti se esconde, te sabrá acompañar, es siempre seguro que caminara a tu lado, no replica, no cuestiona y jamás andará enfadado.

Este silencio tan discreto, tan prudente, se conoce tus secretos, tus mentiras, tus dolores y los siente.

Es el amigo fiel inseparable que normalmente ignoramos, el silencio no te habla con palabras, te responde cuando a ti mismo te preguntas, no usa un lenguaje ordinario, se expresa con sentimientos dentro de tu ser.

El sincero es sabio al hablar, es callado.

Fragancia de mi pasión

Que es la ternura sin la dulzura, que es un beso sin tu pasión, llena de pasión cada hueco de mi ser, quiero vivir cada instante a tu lado desde lo más profundo de tu alma desde lo más hondo de tu ser.
Llegaste a mí y se calmaron mis miedos y las noches de desolación, mi alma se ha calmado y ha regresado a mi cuerpo la tranquilidad, ha regresado calmando la ansiedad de tocar tu presencia, te miro y veo la dicha que la vida me ha regalado
Eres mío, sólo tú eres el indicado, el dueño de mi ser, has dejado tatuado en lo más profundo de mi corazón, tu nombre...Deseo

Quiero bañarme con la pasión que nace cuando me tocas y perderme en tu mirada sabiendo que cuando estamos juntos ya nada existe sólo tú y yo, es sólo tuyo, como no desear tenerte siempre en mí si me has enseñado el significado del verdadero amor.

Madre tierra... ¡¡Regreso a mi hogar!!

Soy mujer de viento
Soy mujer de tierra
Soy mujer de lluvia
Soy mujer de pasión
¡Soy mujer... Soy mujer!
Soy mujer pretérita
Soy mujer nueva
Soy mujer santificada
Soy mujer celestial
¡Soy mujer... Soy mujer!
Tierra es mi cuerpo,
Agua es mi sangre
Aire mi aliento
Fuego mi fuerza

Agua vital clarifícame
Fuego del amor quema mi recelo
Vientos del alma transpórtame a tu altar
Madre tierra... ¡¡Regreso a mi hogar!!

Donde el corazón me lleve

Cansada estoy aquí acurrucada.
en un rincón de mi vida
intento creer y volar, intento soñar y amar
ando errante por el mundo que amo
aprendemos que cada día hemos de crecer
mis amadas musas descansando están
como abejita vuelo de flor en flor
buscando un tranquilo rincón
en la vida necesitas reír
la miel es difícil conseguir
escasea la alegría, escasea la satisfacción
aquí y ahora en este momento
quiero dejar un panal de rica miel
para que endulces las penas
volvamos a sonreír
volvamos alegrarnos
confieso la cogí prestada de mi jardín
a las hermosas flores
que generosas me ofrecieron

Mi sueño se hizo realidad

Hoy te soñé como nunca
la fina línea de tu figura
quedará moldeada en mi piel.
Hoy volví a descubrir
tu pensamiento en mi cuerpo
tus manos dejaran la huella.
Lentamente pasearas suavemente
contemplando lo sutil de tu gracia
¿qué pensarás al contemplarme?
Pensativo, admirado, sin palabras
mantienes tu mirada fija
no lo puedes disimular
cada detalle, es importante.
no fantasearé más
Miro tu tímida mirada.
Hermoso es tu nombre
te miro solo que esta vez
te puedo acariciar.

Cierro mis ojos

Cierro mis ojos, mi mente vuela,
me gusta tumbarme mirando al cielo
sentir la libertad y te aguardo,
no estoy sola, te siento
llegas despacio, me besas
alimentas mis ganas.
De repente ocurre
es mi realidad se transforma.
Deseo tenerte a mi lado
despertar de un reparador sueño
solo comienzo a pensar
en aquello que deseo.
cascadas de agua caen,
embriagan mi cuerpo
no puede existir dudas,
me atrevo y despierto.
Allí estas, te puedo ver
te miro, me río,
te disfruto, te amo
ya saciada te llamo y veo
que estas junto a mí.

Una historia de amor

Vivimos una historia de amor cómo un acto de magia, surgiste en mi vida, todo cambió con tu llegada, encontré dicha hasta en las cosas más simples, me enseñaste los colores de la vida, no dudes cuán grande es mi amor, sólo mira mis ojos reflejados en los tuyos, escucha cómo mi corazón late al compás del tuyo.

Te pienso cada minuto del día, sí antes que te vayas ya te extraño, tengo tu imagen gravada en mi corazón, cada vez que apareces quisiera detener las horas, que las agujas del reloj se detuvieran para siempre, para que la eternidad sea nuestra compañera.

Miro ese cielo en noches que no te veo, te busco deseando ver tu rostro reflejado en esa estrella lejana que miro sin cesar.

Es tan obvio mi amor, conocerte es lo mejor que me ha ocurrido, te amo y no puedo evitarlo, disfruto cada suspiro, este mar de sensaciones, en este cielo.

Hoy cada mañana es distinta, hoy cada día tiene otro color, mi alma me hace vivir, me hace sentir la vida de otra manera. Hoy todo me sabe a ti, te amo cielo, de una manera que aún no logro explicar, pero ¿sabes? hoy sólo me basta eso, saber que te amo, saber que estás allí y para mí.

Dicen que la vida es sueño y los sueños, sueños son

Dicen que la vida es sueño y los sueños, sueños son. Soy una soñadora, de sueños reales, soy de las que creen que hay que vivir los sueños y no soñar la vida. Y es que para alcanzar un sueño hay que estar bien despiertos. Hay que tener los pies en el suelo y pisar fuerte no tengo sueños brillantes aunque sí los tengo. Hay una frase que dice "Soñad y os quedaréis cortos". Pero claro, la pregunta es ¿qué tan complicado es alcanzar nuestros sueños? ¿Existe algún método para eso?

Saboréame

Saborea el sabor de mis labios,
hazlo cuando quieras
bésame hasta la saciedad,
cuando el deseo te embriague
quémame con la punta de tus dedos
descubre mi cuerpo,
apréndete, cada rincón, recorre todos los caminos,
hazlo lento, con pasión con un toque de locura
Toma mis manos, con una pizca de apetito
agarra de ellas las caricias más prohibidas
Aférrate a mí, me entrego,
cíñete a mi cuerpo, tócame, siénteme tuya
Hare todo lo que tú pidas.

Destápalo, disfrútalo, es tuyo...
no me canso de desearte.

Son tuyos mis pensamientos
los robaste el día que te sentí,
cuando me acariciaron tus manos,

Te entrego mis vicios, no dejo de pensarte.
te ofrezco cada poro, te doy hasta mis semillas
Soy tuya, despójame, lo imploro
aquí me tienes de mí, para ti.

Toda a ti yo me entrego, en cuerpo, alma, deseos y sentimiento
disfrútame, gózame, atesórame...
haz de mí lo que quieras,
pero, hazlo suave, hazlo lento.

Rosa que se engalana

Rosa que se engalana
en tu semblante se posa.
Rosa de perfume intenso
fresco como una brisa
Rosa que marca el sendero
de mi beso navegante
déjame ser la musa
de tu amor en la mañana
Rosa que me acaricia
Rosa de terso suave
Rosa carente de espinas
vestida de hadas madrinas,
concédeme un deseo
para decirte "te quiero"
Rosa que en mi camino
vas dejando tus requiebros
ata mi amor a tu enagua
con tus más brillantes bríos.
Permite que me alegre
besando tu roja cinta
y me transforme en tu piel
para que nunca estés sola.

Me gusta la gente sincera

Me gusta la gente sincera, que viene de frente y te mira a los ojos, no me gusta las personas falsas y embusteras que son capaces de hacer lo que sea por alcanzar sus objetivos, sin importarle los sentimientos ajenos. Me gusta la gente que crea ideales nuevos.

Me gusta la gente que ríe y hace feliz al que está a su lado, la que reparte sonrisas, la gente que llora y se emociona, cuando contempla un bebe, cuando a tu lado está. Me gusta la gente que comparte contigo una caricia, una canción suave, una buena película, un buen libro, un gesto de entrega, un mimo.

Me gusta la gente sana con sus grades nostalgias, disfruta con los amigos, que siembra, que riega y en el transcurso del camino, admira paisajes, sabe escuchar, gente que tiene tiempo para sonreír, tiempo para ayudar, regalar pedir perdón, repartir ternuras, compartir vivencias y emociones.

Gente tranquila, con calma, nerviosa e inquieta, con sus ideales y sobre todo, a gusto consigo misma.

En definitiva, me gusta la gente transparente, con un gran corazón, sin odio, sin envidias y con mucho amor dentro de sí.

Gente que no mienta y que al mirarla a los ojos veas lo que hay dentro de su alma, porque en ellos está la verdad de su ser.

La Danza de la Luna

la luna un día soñó,
cubrirse de piel cobriza,
quiso vestirse,
de galas blancas,
esperaba y calculaba,
sentirse amada y querida,
sentir que el pecho latía,
que su amado volvería

Entonces la luna un día,
dejó de ser luna y huella,
iba cayendo al vació,
danzando con sus estrellas.
Así la luna vestida,
de piel morena y doncella
sintió su pecho latir,
amada por vez primera

Vives dentro de mí

Vives dentro de mí, vivo adentro en ese corazón que ahora late tan fuerte, mezclar los colores y perfumes en el aire, placer que anhelo, esencias de ensueño, que hacen fantasear.

Perfumes a eucaliptos, despejan la mente, sientes su aroma, aromas de rosas, presumidas y cándidas, revela tu inocencia, ha renacido el arcó Iris.

En su resplandor reparte la esencia de canela en miel, llena de ternura, te enseñan amar.

Olores de rosas, coquetas e ingenuas, como los sentidos te hacen viajar a soñados destinos.

Revela tu inocencia, saca en ti lo mejor de tu voluntad incitada por esencias, tocada por la sensualidad.

En el país de las maravillas lejos de la realidad, volando por mi mente, te espero amigo, no te lo pierdas, ven conmigo, te llevo a soñar.

Me detengo

Me detengo cuando los rayos dorados
se reflejan sobre el mar.
Cuando las olas expresan los pálidos
ecos de tu voz.
Cuando veo como tu pelo, acaricia tu rostro
Cuando dulcemente por la mañana, se elevan
suaves nubes de polvo sobre las rutas de mi vida.
Veo tus ojos, te escucho.
Te escucho, cuando las mareas del océano retornan
se regocijan en sonoros rugidos.
En el páramo solitario, escucho tu voz.
En la quietud pienso en ti, tu presencia habita cerca.
La noche abre su puerta.
Ven, te necesito.

A mi amiga soledad

Mi amiga soledad, quiere hablar conmigo, en el más grande de los silencios, sola, con mis propios pensamientos, en el silencio de la noche, puedo escuchar a mi alma hablar, puedo decir que es bastante sensible, cada día encuentra algo distinto que sentir, algo emocionante, por eso en mi habitación, en penumbras viene a visitarme, suelo cerrar mi puerta con llave para que nadie interrumpa mis conversaciones, mi amiga soledad no se altera me cuenta cosas, de lo que aún no sé. La forma más fácil de escucharla es escribiendo todo lo que ella dicta, siempre se desborda sobre las letras y logra combinaciones maravillosas, me cuenta secretos que nadie ha escuchado jamás, y cuando todos sus consejos y sugerencias la tomo en cuenta, en mi día a día la gente a mí alrededor me percibe especial, hay que saber entenderla, es una amiga muy especial.

La primavera

Al principio el tiempo se había apoderado de la tierra, todo parecía suceder un poco lejos otro mundo y hasta en otro tiempo porque el invierno habitaba todavía entre nosotros y nos había penetrado el alma, el sol borraba las últimas manchas de nieve y el cielo plateado pronto claudicará ante la siembra de oro, allí dónde ahora sólo hay tierra, piedras y barro, obrará su milagro la primavera. Pronto habrá plantas, cereales y flores. Del marrón al verde, del amarillo al rojo, del frío al calor. Abre tu jardín, pon flores en tu ventana, canta una canción, hoy día, es día de fiesta, es día de vida.

Hoy quiero pintaros el día de primavera ven y sáname del invierno la vida, es hermosa un saludo de colores para todos, la explosión de la naturaleza, mezclada con el olor penetrante y la música que transmite el aroma, por fin las Rosas asoman en el jardín... Como si las manos invisibles de ese sol, con la primavera, renuevan la esperanza, florecen periódicamente, y todo lo impregnan de olor a tierra, aire, agua y fuego... ¡estación Vida!

Los colores, los olores y despierta las sensaciones nuevas. Me encanta esta sensación... Hacía tiempo que no lo pintaba en un escrito... sí....hoy lucía el sol, pero de manera distinta hoy te he visto con tu traje dispuesta a llenar de colores y sembrar amor, traías colores verde esperanza se unía con el azul intenso con una fina gasa ponía sobre su copa, a tu lado destacaba el color burdeos de tu primo el otoño, el cielo azul se regocija, al contemplar el inmenso suelo repleto de margaritas con su color blanco que alegría esperando que alguien las arranque para contemplar y al mismo tiempo preguntar ¿sí o no?

Cuanta hermosura hay en este cuadro cual pintor plasma con todo el cariño como el cariño que hay entre una madre y su hijo......tú estabas allí, habías llegado de un largo viaje podía ver al fin tu hermosura, como si la naturaleza se hubiese puesto de acuerdo cual cantidad de sonidos nos llena de paz invita a cerrar los ojos, si hoy te he visto una vez más quede prendada de tu belleza del color de tus ojos, del encanto de tu figura, de tu cuerpo florido y hermoso, de la magia…. del contacto de la brisa con mi piel.

Cerré los ojos para poder atrapar todo eso, poder soñar y sentir el latido de tu corazón porque sabes bien que te estaba esperando hace tiempo…llegaste al fin, aquí está otra vez a mi lado… La Primavera ha llegado es la estación del año que más me gusta Estaba deseando que llegará, Hace un día fantástico, brilla el sol, el campo está hermoso… El día invita a la sonrisa…

Bienvenida, seas amiga "Llegaste hasta el fondo de mi corazón"

Esta bella ilusión

Atravesé el abismo, luche entre el infierno y el cielo, me perdí y te encontré, se cruzaron nuestras miradas, llegué directo a tu corazón, olvidé mi tristeza, encontré tus sonrisas y todas eran para mí. Te abrí mi alma mi vida y tú me ofreciste tu corazón y ahora es todo para mí.

Me regalaste tu primer te quiero, tu primera caricia y tu corazón enamorado. Entre silencios y silencios desnudamos el alma, te conté mis secretos, tú me hablaste de tu amor, yo te hablé del mío, éramos como críos, con la misma ilusión.

Te hice fantasía y te invite a mi realidad me llenaste de cariño, para quedarme junto a ti y luchar cada día para que todo esto siga aumentando, creció y creció nuestro amor

Me invitaste a vivir llena de primaveras mi alma malherida curaste, llenaste de sonrisas, de miel mi corazón. Me invitaste a bailar una melodía maravillosa, con la bella ilusión de saber que estamos juntos y que me quieres tanto como yo te quiero...

Te quiero mi amor

Hasta la noche amor mío

Mis sentimientos y los tuyos se enredan y se enlazan en un sentimiento puro, aun recuerdo esa noche mágica en que fuiste mío, sudoroso y jadeante, tu imagen, tu huella imborrable ha quedado impresa en mi retina, está presente en mi recuerdo.

No olvido el sabor de tus besos, el calor de tu mirada, tus ojos decían lo que sentían, lo que pensaban, fue el comienzo de una historia de amor imperecedera.

Fue imposible ocultar que me deseabas, te delataba, hoy mi corazón lo recuerda.

Veo en tus ojos la loca pasión, reconozco tu mirada, el deseo, la ilusión.

Te he amado sin límites, te amo con pasión, con adicción a tu piel, a tus manos.

Te amo, no he perdido la ilusión, mis ojos duermen con tus sueños…

Hoy puedo decir, que mi vida está cumplida, me muero de deseo por tenerte entre mis brazos.

Como me gustaría amarte a tiempo completo, si pudiera dejarme llevar por mi deseo, correría a tu encuentro y te haría mío, como mío eres, como tuya soy.

"Hasta la noche amor mío"

Vive la vida

Vive la vida, besa la lluvia, cuando me necesites, llámame.
Vive el amor, cuando me sientas muy lejos, suéñame.
Camina lentamente, no tengas miedo, pues ahí estaré yo.
Besa la lluvia y espera al alba, estamos bajo el mismo cielo, las estrellas iluminan y las noches serán vacías para mí como para ti.
Si sientes que no puedes esperar hasta mañana, mira por la ventana y pide un deseo, que ahí estaré yo

Largo es el camino

Con paso lento y dubitativo avanzas, largo es el camino, el tiempo pasa, tiempo aprendido, tiempo que piensas que has perdido, mucho tiempo sufrido y vivido.

De aquella primavera, sólo el recuerdo queda, la pena te embauca es invierno en tu alma, hace frío ayer tus brazos eran fuertes, tus manos acariciaban con mimo mi cara, me abrazas, te abrazo.

Tus piernas frágiles, tienen miedo a caminar, te sientes mal, sentado en el sillón ves la vida pasar.

Te gusta la música de Garden a las aves cantar y a tus nietos verles jugar.

- Cuéntame una historia, abuelo, quiero contigo poder salir a jugar.

Tu cara seria mira, sin mirar está arrugada, pero, eres mi guía, mi salvador, silenciosa compañía, sin pedirte nada, me ofreciste la vida.

Te quiero papa

Mi alma

Alguna vez, en algún lugar, cerca de mi pensamiento lejos de mi soledad habita la mujer viento, la mujer agua, la mujer tierra, no sé si soy la que fui o si seré la que soy, simplemente soy como soy con mis defectos y virtudes, me tenéis que aceptar porque así es como soy, sin tapujos ni mentira.

Me fascina caminar bajo la lluvia, sentir como me resbala y como cae cada gota, sentir golpear la lluvia bajo mis pies y el olor a tierra húmeda, soy libre sobre tierra con mis brazos hacia el Sol y mi pensamiento fiel unido a la enredadera por donde se busca ese sentido nuevo.

Soy ave de vuelo leve horizontal bajo el cielo no pretendo volar alto sólo sostener mi vuelo me importa la vida nueva, me acompaño de mi canto, sólo sé que soy gaviota sobre el mar y bajo el Sol.

Esencia de mujer

Cada mañana, te levantas con ánimo de que la vida te dé una nueva oportunidad, frente al espejo corriges tu sonrisa para empezar un nuevo día, te preparas, tienes que ser optimista, el camino es duro, no tienes que tirar las ilusiones. ¿Cuántas ilusiones han volado en dirección a la nada?, agradeces cada respiro, cada suspiro, te ofreces y ofreces, porque es tu forma de darle sentido a tu existencia, servir, darle forma a tus sueños es una buena forma y es lo que te han enseñado, con lo que te sientes realizada.
Un café calentito, un consejo, silencio necesario, un abrazo, una palmada, una conversación. Muchos han recibido de ti tu talento, tu tiempo, una oración, una palabra de aliento. Tu atención es el mejor regalo, cuanta necesidad de afecto, cuanta necesidad de cariño, das todo sin esperar nada a cambio. Repartes tu amor, tu ilusión, tus sueños, tu cariño inagotable, a ti misma.

Tu vida es un ejercicio continuo de generosidad, compartes, disfrutas, lo haces porque te lo pide tu interior y lo que tienes lo ofreces sin egoísmos, sin envidia, sin avaricia. Eres ejemplo, eres esencia divina. "Eres esencia de mujer".

La Tranquilidad

La tranquilidad, es estar en concordancia con muestro yo más interno es una cualidad espiritual, son pétalos de dulzura que la vida nos pone en nuestras manos para restaurar nuestra espiritualidad paradójicamente sólo cuando nos tranquilizamos podemos llegar más lejos y podemos ver el verdadero sentido de nuestra vida, necesitamos estar en paz y vivir en fraternidad.

Todos tenemos un poder especial: La facultad de elegir, somos capaces de gobernar nuestro propio destino mediante nuestras decisiones. La tranquilidad, la buscamos a nuestra medida le tejemos un entorno, soñamos muchas veces llevándola dentro, la sacamos fuera.

La tranquilidad, es muy vergonzosa porque le cuesta salir, el tiempo es lo que la perfecciona nos da luz en el hogar; un beso, una sonrisa, flores, cielo, mar no es siempre estable, fija, duradera parece un parpadeo, una luz que dura minutos, son como huecos de trecho en trecho en una red muy tupida, date tiempo a ti mismo para hacer las cosas y date tiempo para descansar.

Si los golpes de la vida no te rompen la tranquilidad, toma el tiempo necesario para hacer y también para ser, si la indiferencia no te cierra las manos abre tus manos y llénalas de plenitud y vida, es en el baile de hacer y ser donde la tranquilidad se encuentra y cuando llegas al fin con capacidad de emoción, de llanto, de perdón y de luz, has conocido la tranquilidad pero por encima de todo recuerda que se necesita muy poco para llevar una vida tranquila solo es cuestión de crecer y creer.

Esperanza

Es hermoso amanecer con la esperanza de que todo estará bien, prográmate a ti mismo de que este nuevo día trae grandes cosas, hoy me siento así, con ganas de sonreírle al mundo entero, de encontrar una ilusión de mirar con ojos de esperanza mi futuro y ver brillar muy cerca la intuición de algo bueno, es hermoso sentirte así, porque de hecho cuando lo haces te sientes bien, respiras más puro el aire y miras a todos mejor, creo que es cierto eso de que tú eres un imán ya sea para lo bueno o para lo malo hoy decido ser un imán para lo bueno para las personas positivas, para la mañana clara, para una hermosa canción, para saborear rico los alimentos, para mirar la belleza en el ser humano, en fin, hoy quiero mirar al mundo como un mundo ideal, y es algo tan fácil... que me pregunto porque generalmente el ser humano tiende a fijarse más en lo malo que en lo bueno, enfatizamos en gran manera nuestros problemas y casi nunca hacemos lo mismo con nuestras cosas buenas, eso nos complica la vida cuando en realidad esta podría ser un poco más fácil como nos programemos, la vida tan linda como la queramos mirar, tan fresca como le pensemos sentir, tan dulce como se nos ocurra saborearla, tan nuestra como decidamos hacerla y todo depende de nosotros, de nuestra actitud, de lo que en ese momento decidamos vivir, imagino al mundo si todos decidiéramos vivirlo bien, pensando en la solución positiva de nuestros problemas sin enfrascarnos en el estrés en el desánimo o el dolor, viviríamos más tiempo y de mejor modo, ojalá pueda ser mientras me quedo con mi día, para disfrutarlo, para mimarlo, para vivirlo.

Un deseo, un sueño, una promesa de eterno amor

Deposito mi sueño en ti, hago de tu cuerpo fruta de mi pasión, ven quiero perderme en tus labios mi esperanza en cada caricia riega mi dicha, mi ilusión en cada mirada se anima, mi amor en cada segundo de mi vida cautiva.
Rescátame de esta noche sombría y amarga.
Tócame, libera todo lo que llevas dentro todo es para ti hazme sentir tu ternura infinita, tócame, para que pueda gozar de tu calor y de tus ganas de amarme, tócame eternamente, hasta fundirnos en un solo yo.
Éste nuestro amor es un regalo del cielo y contigo le quiero vivir

www.ingramcontent.com/pod-product-compliance
Lightning Source LLC
Chambersburg PA
CBHW051718040426
42446CB00008B/954